The Easter Party
Påskfesten

Du är välkommen till **Hoppes** påskfest!
Var? Skogsdungen i Kotteskogen
När? Påskafton kl 14:00

You're invited to **Hoppe's** Easter party!
Where? The meadow in Pincone wood
When? Easter Eve 2 p.m.

By Linda Liebrand

Design and layout by Cloudwalker Design

En tidig vårmorgon låg haren Hoppe och snarkade, precis som vanligt.

One early morning in spring, Hoppe the hare lay snoring, just as usual.

Kan du hitta honom?

Can you spot him?

CKELIKU!
cock-a-doodle-doo

"Kuckeliku,
 klockan är *SJU*!" gol tuppen
 och väckte honom tvärt.

'Cock-a-doodle-doo!' the rooster
crowed, and woke him up with a start.

Hoppe satte sig upp, gnuggade sig i ögonen och rusade iväg.

"Jag har *försovit mig*!" ropade han yrvaket.

Hoppe sat up, rubbed his eyes and rushed off. 'I've overslept!' he called out in a daze.

Han hoppade på cykeln och fick *sån fart* i nedförsbacken att han knappt hann bromsa innan hönshuset.

He hopped on his bike and sped downhill, going so fast he barely had time to brake at the chicken coop.

"Gomorron hönorna! Kan jag få låna några fjädrar", frågade Hoppe glatt?

"**Såklart** du får! Vad ska du med dem till?" frågade hönan Svea nyfiket, för hon visste att Hoppe alltid hade nåt kul på gång.

'Good morning, chicks! Can I borrow some feathers?' asked Hoppe happily.

'Of course you can! What do you need them for?' asked Svea the hen curiously. She knew that Hoppe was always up to something fun.

"Du får se sen när allt är klart. Tack för fjädrarna! Nu har jag *jättebråttom*!" svarade **Hoppe** och trampade iväg.

'You'll see later when everything is done. Thanks for the feathers! Now I'm in a real hurry!' answered Hoppe, and he pedalled away.

Nu cyklade **Hoppe** så fort att han inte såg moster Majas tvättlina i tid. Han körde *rätt in i tvätten* och fick alla kläderna med på släp.

"Kan jag låna ditt förkläde till ikväll?" frågade han. Och med ett *plopp* drog han bort strumpan som trätt sig över nosen.

"Javisst! Vad ska du nu hitta på?" frågade moster Maja och log. "Jag hinner inte förklara nu, jag måste skynda mig! Vi ses vid tvåtiden", hojtade **Hoppe** och cyklade iväg.

Speeding along, Hoppe didn't spot Auntie Maja's laundry line in time. He crashed straight into the washing and dragged all the clothes along behind him.

'Can I borrow your apron for tonight?' he asked. And he pulled off the sock wrapped around his nose with a damp squish.

'Of course. What are you up to now?' asked Auntie Maja with a smile.

'No time to explain. I have to hurry! I'll see you at two,' called out Hoppe, and he cycled away.

Han satte fart och trampade vidare till skogens enda godisaffär. Där köpte han två *jättepåsar* blandad choklad och ett knippe ballonger av igelkotten Isabella.

He hurried along to the forest's only sweet shop. There he bought two huge bags of mixed chocolates and a bunch of balloons from Isabella the hedgehog.

'What do you need all this chocolate for?' asked Isabella curiously.

'You'll see later,' giggled Hoppe. 'Now I'm in a rush. I'll see you this afternoon!'

"Vad ska du ha all den här chokladen till?" frågade Isabella intresserat.

"Det får du se sen," fnissade **Hoppe**. "Nu måste jag snabba mig. Vi ses i eftermiddag!"

Hoppe trampade på, och snart nådde han skogsbrynet där räven Rebus satt och njöt av en picknick i gräset. "Hejsan Rebus!" hojtade **Hoppe** och parkerade cykeln. "Kan jag få låna din picknickfilt?"

"Ja, det kan du väl få, men du får allt vänta tills jag tuggat klart först," sa räven och svalde den sista köttbullen. "Vad ska du ha den till, förresten?"

Hoppe kept pedalling, and soon he reached the forest edge where Rebus the fox was enjoying a picnic on the grass. 'Hello, Rebus!' called out Hoppe, and he parked his bicycle. 'Can I borrow your picnic blanket?'

'Sure, but you'll have to wait until I'm done chewing,' said the fox, and he swallowed the last meatball. 'By the way, what do you need it for?'

"Det får du se i eftermiddag," log **Hoppe** och packade ihop filten på vagnen. "Nu måste jag skynda vidare!"

'You'll see later today,' smiled Hoppe, and he packed up the blanket on his wagon. Now I really must dash.'

Till sist tog han en genväg till fiskeboden, där han köpte en hel tunna med fiskespön av sjörövare Bengtsson. Bengtsson frågade inte vad han skulle ha spöna till, han bara pep förtjust och *räknade sina pengar* när **Hoppe** trampade vidare.

Finally, he took a shortcut to the fishing hut. There he bought a whole barrel of fishing rods from Pirate Bengtson. Bengtson didn't ask what he needed all the rods for. He just squealed with delight and counted his money when Hoppe pedalled on.

Äntligen var **Hoppe** hemma igen i skogsdungen. Han parkerade cykeln och lastade av allt vid huset. "Nu har jag allt riktigt *bråttom* innan alla kommer!" sa han och satte igång med förberedelserna.

Now Hoppe was finally back home in the meadow. He parked his bike and unloaded all the things by his house. 'Now I have to hurry before everyone gets here,' he said, and started the preparations.

Allra först satte han på sig förklädet. Sen vek han filten och knöt ihop den under hakan till ett huckle. ***Vips*** så blev han en påskkärring.

> First, he put on the apron. Then, he folded and tied the blanket under his chin to make a headscarf. And just like that, he turned into an Easter witch.

Sen tog han och fäste de färgglada fjädrarna på metspöna, och ***vips*** så blev de ett påskris.

> Then, he attached the colourful feathers to the fishing rods. And just like that, they turned into Easter twigs.

Till sist fyllde han påskäggen med all choklad som han köpt, och nästan all choklad hamnade rätt. Kan du gissa var **resten av chokladen** tog vägen? När äggen var proppfulla knöt han fast en ballong vid varje ägg.

Lastly, he filled Easter eggs with the chocolate he'd bought, and almost all of it ended up in the right place. Can you guess where the rest of the chocolate went? When the eggs were full, he tied a beautiful balloon to each one.

Just då gol tuppen igen för klockan var två. Alla djuren i skogen var så nyfikna på vad haren **Hoppe** hade hittat på, att de dök upp *precis i tid.*

Just then, the rooster crowed again because it was two o'clock. All the forest animals were so curious about what Hoppe the hare was up to that they showed up right on time.

"**Glad påsk och välkomna!**" ropade **Hoppe** uppifrån hustaket. "Glad påsk **Hoppe!**" svarade alla djuren och klappade händerna. Nu kunde de *äntligen* se vad han skulle ha alla sakerna till…

'Welcome and happy Easter!' called out Hoppe from the rooftop. 'Happy Easter, Hoppe!' answered all the animals, and they clapped their hands. Now they could finally see what all those things were for.

"Det finns påskägg till alla", hojtade han. "Ta ett fiskespö och *fånga ett om du kan*!"

'There are Easter eggs for everyone!' Hoppe called out. 'Take a fishing rod, and catch one if you can!'

Sen släppte han ballongerna och de gled sakta iväg med äggen över ängen. Djuren fiskade glatt efter äggen och moster Maja skrockade: "Ja, vår lille **Hoppe** han vet allt hur man fixar kalas som en riktig påskhare."

Then he released the balloons with the eggs tied underneath, and they floated away slowly across the meadow.

The happy animals fished for the eggs, and Auntie Maja chuckled, 'Our Hoppe sure knows how to throw a party like the real Easter Bunny.'

Den svenska påsken

Den här berättelsen utspelade sig i en påhittad svensk skog. Haren Hoppe fixade påskfest med påskägg, och påskris, och så klädde han ut sig till påskkärring såklart. Här kan du lära dig lite mer om hur Hoppe firade påsk på svenskt vis.

The Swedish Easter

This story took place in a made-up Swedish forest. Hoppe the hare planned an Easter party with Easter eggs and Easter twigs, and of course, he dressed up as an Easter witch. Here's a bit more about how Hoppe celebrated Easter the Swedish way.

Påskägg

Haren Hoppe gav alla djuren påskägg på påskafton.

Precis som djuren i den här berättelsen så får barnen i Sverige ofta godisfyllda påskägg antingen på skärtorsdagen eller påskafton. Men Hoppe var lite extra finurlig när han fäste påskäggen vid ballonger som flög iväg. Påskäggen flyger inte runt på det viset i Sverige, utan göms helt enkelt i trädgården så att barnen kan leta upp dem under äggjakten.

Easter eggs

Hoppe gave all the animals Easter eggs on Easter Eve. Just like the animals in this story, kids in Sweden get Easter eggs filled with sweets either on Maundy Thursday or Easter Eve. But Hoppe was quite inventive when he attached the Easter eggs to balloons that floated away.

Easter eggs don't float like that in Sweden. Instead, eggs are hidden in the garden so the kids can search for them during the egg hunt.

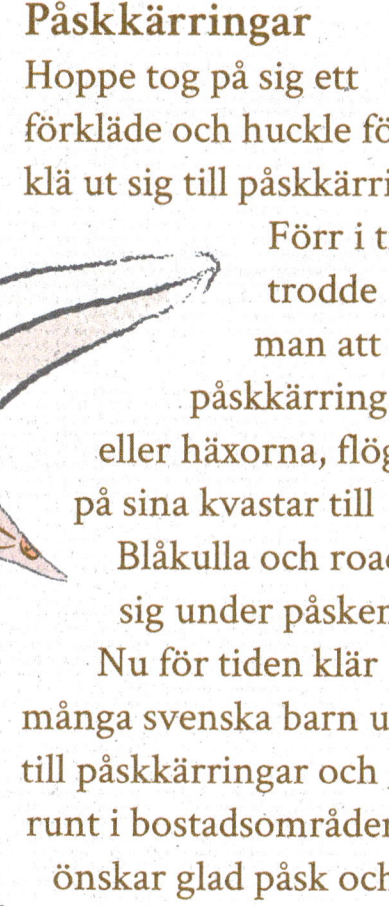

Påskkärringar

Hoppe tog på sig ett förkläde och huckle för att klä ut sig till påskkärring. Förr i tiden trodde man att påskkärringarna, eller häxorna, flög på sina kvastar till Blåkulla och roade sig under påsken. Nu för tiden klär många svenska barn ut sig till påskkärringar och går runt i bostadsområdena, önskar glad påsk och får godis. I vissa delar av landet tänder man fortfarande en påskbrasa på påskaftonskvällen för att hålla häxorna på avstånd.

Easter witches

Hoppe put on an apron and a headscarf to dress up as an Easter witch. In the old days, people believed that the witches flew on broomsticks to Blåkulla to have fun at Easter. These days, many Swedish children dress up as Easter witches and go around the neighbourhood, wishing people a happy Easter and getting sweets. In some parts of the country, Swedes light a bonfire in the evening of Easter Eve to keep the witches away.

Påskris

Hoppe var lite extra klurig när han gjorde om fiskespöna till påskris genom att klä dem med fjädrar. I Sverige klär man påskris med vackra fjädrar och målade hönsägg, men man använder oftast vide, eller björkkvistar istället.

Men man kan så klart precis lika gärna klä en buske, ett träd eller metspön i en tunna med fjädrar ifall man vill.

Påskris

Hoppe was very clever and turned the fishing rods into Easter twigs by decorating them with feathers.

Swedes decorate Easter twigs with beautiful feathers and painted blown-out eggs, but usually willow or birch twigs are used instead of fishing rods. But of course, you could just as well decorate a bush, a tree or a bunch of fishing rods with feathers for Easter if you want.

Fler svenska påskord	More Swedish Easter Words
Påsklov	Easter break
Långfredag	Good Friday
Fasta	Lent
Kyckling	Chick
Påskharen	Easter bunny
Semla	Shrovetide bun
Påskbord	Easter buffet
Påskpynt	Easter decorations
Påskmust	An Easter softdrink
Påskmat	Easter food

A note from the author about translations

When translating this book from Swedish to English, I tried to stay as close to the original as possible. However, I felt that keeping the natural flow of each language was more important than translating each sentence precisely word by word. I hope that this way you get a more enjoyable story no matter which language you read it in, and still learn lots about the Swedish Easter.

About the author

Hi. I'm Linda. I'm a Swedish mum living among the rolling green hills of Surrey in the United Kingdom, together with my Dutch husband, bouncy toddler and boisterous Swiss dog. As you can tell, we're an international bunch, and we speak English at home.

I write bilingual children's books to share my native language and some Swedish culture with our young bookworm, whose first language is English. I hope your little explorers will enjoy the books too while growing their Swedish vocabulary.

If you've enjoyed this book, *please consider leaving an honest review where you bought it*, as it will help other parents find and choose it too. Are you looking for more ways to build your little one's Swedish and English vocabulary? *Visit my website www.swenglish.life* for free language resources and my latest book news.

I'd love to stay in touch. You can find me on Instagram (@Linda_Liebrand) and Facebook (@SwenglishLife).

More books by Linda Liebrand

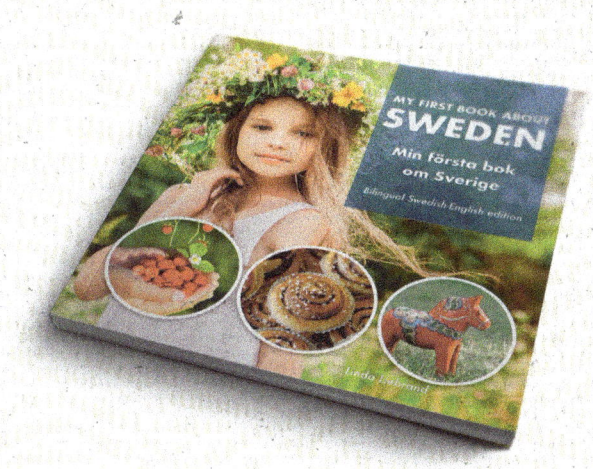

Min första bok om Sverige - My first book about Sweden

Are your kids learning Swedish? From Lingonberries to Falu red cottages and Vikings, this bilingual picture book will boost your children's vocabulary and let them explore Swedish traditions, culture and fun. The beautiful colour images are clearly labelled in both Swedish and English inviting your child to point and learn both languages.

Tomtens Jul - Santa's Christmas

Want your kids to count in Swedish and English this Christmas? 'Santa's Christmas - Tomtens Jul' is a fun counting book in both languages that you and your toddler will enjoy reading together. They'll discover some typically Swedish Christmas words and have lots of fun counting from 1-15 with Santa. All images are clearly labelled in both English and Swedish, making this a perfect Christmas present for bilingual kids or anyone learning Swedish.

Find more bilingual books at: www.swenglish.life

Copyright
© 2019 Linda Liebrand

First Printing, 2019
Treetop Media Ltd

Editing by Leonora Bulbeck and Textlyft
Text formatting, cover design and interior design by Cloudwalker Design

Image credits:
Stock art by © Lisa Glanz and Julia Dreams via Design Cuts
Daffodils and hens by © Cloudwalker Design
Bucket by © mustofa agus tri utomo via Pixabay
Godis bag by © Clker-Free-Vector-Images via Pixabay
Witch by © stux via Pixabay
Cockerel by © avian via Shutterstock
Walking fox by © smilewithjul via Shutterstock
Sitting fox by © Elena Barenbaum via Shutterstock

www.ingramcontent.com/pod-product-compliance
Lightning Source LLC
Chambersburg PA
CBHW061115070526
44583CB00027B/3301